CW00766229

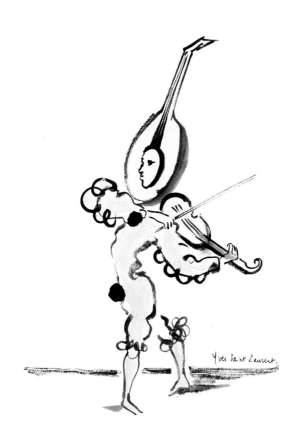

Yves Saint Laurent,

Conception graphique
et mise en page :
Marc Walter et Sophie Zagradsky / Arbook
© 1986 Editions Herscher
ISBN 2-7335-0124-0
Dépôt légal 0102 - Mai 1986

YVES SAINT LAURENT
ET LE THEATRE

Préface
d'Edmonde Charles-Roux

HERSCHER

MUSÉE DES ARTS DÉCORATIFS

Ce livre est publié à l'occasion de l'exposition
YVES SAINT-LAURENT ET LE THÉÂTRE
qui se tiendra au Musée des Arts Décoratifs
du 25 juin au 7 septembre 1986.

Nous tenons à remercier toutes les personnes
qui nous ont aidé à réaliser ce livre et
spécialement Monsieur Hector Pascual et
Monsieur Joël Le Bon.

YVES
SAINT LAURENT
ET LE
THÉÂTRE

Ce long jeune homme, sur lequel l'âge glisse le laissant inchangé, aura cinquante ans cette année. Yves Saint Laurent est né pendant l'été 36, à quelques heures de l'ouverture par Hitler des Jeux Olympiques de Berlin. Il est né le 1er août à Oran et si je fais apparaître un rapport entre ce qui se passait en France, cet été-là, et ce qu'allaient être les goûts de l'enfant qui naissait, me le reprochera-t-on ?

Il n'y a pas de hasards, il n'y a que des lois inconnues qui nous prennent dans leur filet, ainsi que l'a affirmé un poète (1), parmi les plus grands. Comme lui, je crois à une secrète relation entre ce que nous sommes et les sursauts de l'Histoire, ses contradictions, ou ce que furent ses défis aux premiers jours de notre vie.

Que se passait-il à Paris tandis que naissait à Oran, dans une famille de la bourgeoisie aisée, un petit garçon plein d'avenir ? L'idéal serait d'être en mesure de définir équitablement le degré d'indifférence ou d'étonnement d'une famille française d'Afrique du Nord, de ces familles pacifiques et qui ne s'inquiètent des bouleversements populaires que lorsqu'ils se manifestent à leur porte, face aux événements de la métropole. Mais là n'est pas l'essentiel. Car ce ne serait pas assez, pour éclairer le destin qui nous occupe, de rappeler qu'Yves Saint Laurent vit le jour l'année des congés payés, dans le grand chambardement du Front Populaire, tandis que les askaris de Badoglio faisaient de l'Ethiopie une colonie italienne, et que débarquaient du côté de Barcelone, Franco, sa garde prétorienne et ses supplétifs marocains ; ce ne serait pas assez d'évoquer la création en France des premiers trains de plaisir ni assez, non plus, de dire ce que fut la panique des bien-pensants face au déferlement populaire et leur profonde désolation à l'idée que les prolétaires allant joyeusement vers la mer dans ce que l'on appelait « les trains rouges » entraîneraient peut-être, à brève échéance, la suppression de leur cher Train Bleu, ce ne serait pas assez de rappeler que notre vieux pays gallo-romain pour la première fois de son histoire était « gouverné par un Juif » (2) et que c'était « en tant que juif qu'il fallait combattre et abattre Blum » (3), ce ne serait encore et toujours pas assez de le rappeler ni assez de raconter les joyeusetés des cousettes en grève, qui, elles aussi, pour la première fois, vivaient et se sentaient vivre et dansaient en rond derrière les rideaux baissés des hauts-lieux de l'élégance parisienne d'où s'échappaient des bouffées de polkas, ce ne serait pas assez de le rappeler s'il n'y avait eu en ces temps de rupture un véritable âge d'or du théâtre et de la danse, car c'est bien là l'essentiel de mon propos.

« Lavez ô pluies... Lavez la taie sur l'homme bien-pensant, sur l'œil de l'homme de bon ton » (4) et aidez-nous à nous souvenir de ce qui faisait événement cette année-là à Paris tandis que sous le soleil

« Comme Scott Fitzgerald, j'aime les délires mortels. J'aime Visconti et les époques troublées comme dans *Senso.* La décadence m'attire. Elle annonce un monde nouveau et, pour moi, le combat d'une société prise entre la vie et la mort est absolument magnifique à observer. »
YVES SAINT LAURENT
interrogé par G.Y. DRIANSKY
en 1982.

de l'Afrique, à Oran, jeune port, vieille ville criarde où les dieux du négoce parlaient toutes les langues, naissait d'un père dans les assurances mais ayant aussi des intérêts dans le cinéma, et d'une jolie et jeune femme, ayant du goût pour la toilette, l'enfant Yves. Dans cette province lointaine, terre d'exil pour certains, devenue à la longue terre maternelle, tout ce qui venait de Paris était un suc précieux. Or, l'événement était avant tout théâtral. Il avait pour cadre la Comédie-Française dont le nouvel administrateur, mis en place par le Front Populaire, Edouard Bourdet, avait rajeuni la troupe, secoué les servitudes, et défossilisé les traditions. Au Français, au cours d'une seule et même saison, la saison 36, Marie Bell et Berthe Bovy avaient joué Supervielle, Charles Dullin avait présenté Pirandello. Fernand Ledoux avait mis en scène l'*Asmodée* de François Mauriac et André Barsacq, l'*Electre* de Giraudoux. Mais ce ne serait pas assez de le dire si un autre événement n'avait occupé les esprits cet été-là, un événement qui, onze ans plus tard, allait exercer une influence déterminante sur un jeune écolier nommé Saint Laurent : la création en 1936 de *l'Ecole des Femmes* dans une mise en scène de Louis Jouvet. Evénement inoubliable qui était l'aboutissement très attendu d'une rencontre, faite sous les auspices de Jean Cocteau, la rencontre de Jouvet et de Christian Bérard. En naquit donc cette *Ecole des Femmes* qui rompait avec tous les poncifs. L'événement était Molière rendu à sa vérité par la mise en scène de Jouvet mais il tenait aussi aux divins costumes et au jardin à éclipse imaginés par Christian Bérard : un décor qui allait le classer, cette année-là, parmi les plus grands hommes de théâtre de son temps.

Tels furent les événements de la saison 36 et si l'on note de surplus, dans le domaine de la danse, que Serge Lifar, saisi lui aussi par l'heureuse contagion de cette rage de changement, osa recevoir sur la scène de l'Opéra, la première danseuse soviétique à avoir été formée *après la Révolution,* Marina Semionova, venue du Kirov pour danser *Gisèle* et montrer aux Parisiens qu'on savait encore ce qu'était la tradition aux pays des Soviets, si l'on se souvient qu'avec l'avènement du nazisme, Kurt Jooss, ses ballets à thèmes sociaux, sa *Table Verte,* son *Miroir,* quittaient l'Allemagne pour toujours croyaient-ils, et entreprenaient leur première tournée mondiale, si l'on se souvient que leur passage par Paris eut un retentissement énorme, et qu'il fallait au moins ça pour convaincre qu'un retour aux vieilleries n'était plus concevable, quand on aura précisé que Michel Fokine, le plus illustre chorégraphe des Ballets russes de Diaghilev, Fokine le réformateur, trouva en cette année 36 auprès d'une compagnie à peine créée — le ballet de Monte-Carlo — la confiance et les moyens dont il avait besoin pour donner sa pleine mesure, tout alors aura été dit sur une révolution culturelle dont l'écho se fit entendre jusqu'en ces terres couleur de pastel effacé qui virent naître Yves Saint Laurent, suscitant toutes sortes de discussions, de méfiances aussi et comme un désir nouveau ou un regret irrité de n'être pas à Paris parmi les membres de certaines familles aisées de cette ville maritime où la vie était douce aux Français, les étés longs et les vacances belles.

Cocteau, préfaçant *le Bal du comte d'Orgel,* honore les familles de cette courte phrase : « Quelle famille ne possède pas son enfant prodige ! Elles ont inventé le mot... » Quand le petit Yves, âgé de trois ans, décidait que Guignol était le seul jeu qu'il aimait, ses parents l'applaudissaient déjà. Lorsque à sept ans, il construisait de ses propres mains un théâtre dont il habillait les marionnettes de chiffons teints en cachette, les Saint Laurent applaudissaient toujours, tout en s'étonnant un peu qu'ait surgi parmi eux un tel phénomène. Issus d'une lignée d'Alsaciens ayant fui Colmar et l'invasion allemande en 1870, ils n'avaient produit jusque-là que des juges, des avocats et des notaires. Voilà qu'ils tenaient enfin leur petit prodige. Ils se sentaient aussi surpris qu'une poule ayant couvé un canard. Le danger eût été de faire de cet enfant un chien savant. Ce ne fut pas le cas. Déjà Yves appréciait ses premières féeries et le silence d'un monde d'illusions plus que la bruyante approbation d'un auditoire, fût-il familial.

Il semble s'être consacré au jeu du théâtre tout au long de son enfance. Il lui fallait sans relâche imaginer des pièces nouvelles, dont il était l'auteur, des décors nouveaux qu'il construisait lui-même et peignait avec un soin infini. Hors de cela qu'aimait-il ? La lecture ? Guère. Le cinéma ? Pas plus que ça. L'école ? Il l'avait en horreur. Il s'y sentait mal à l'aise, différent. En fait, rien ne détournait cet enfant timide et silencieux des quelques caisses assemblées, des quelques cartons bariolés, qui pour lui avaient nom « théâtre ». Rien ne le détournait des marionnettes sur lesquelles il s'acharnait jusqu'au moment où il les jugeait assez parées pour faire oublier qu'elles n'étaient que ça : des marionnettes. Rien d'autre, vraiment, ne réclamait son regard, son attention. Toutes les joies des dix premières années de sa vie eurent pour cadre la vaste chambre aux sortilèges où, dans un grand désordre de robes chipées à ses sœurs et déchiquetées, il s'entraînait tout en jouant à ce qui allait être plus tard son métier. Il était voué de naissance au jeu d'embellir, de transformer.

En 1947, lors d'une tournée en Algérie, Louis Jouvet présenta à Oran *l'Ecole des Femmes* dans les décors de Christian Bérard. Le mur de la maison d'Agnès s'ouvrit et cinq lustres, qui paraissaient accrochés au ciel ou aux nuages, on ne savait par quel mystère, s'allumèrent aux yeux d'un petit garçon ébloui qui allait au théâtre, au vrai théâtre, pour la première fois de sa vie et qui aujourd'hui encore se souvient avoir été bouleversé comme jamais. Dès le lendemain, Yves Saint Laurent construisit pour son usage personnel et en manière de jeu une version miniature du décor de Christian Bérard qu'il utilisa en recréant à sa façon tous les costumes de la comédie de Molière avec une préférence pour celui d'Agnès.

Il est surprenant de penser que c'est à Christian Bérard qu'Yves Saint Laurent doit son premier souvenir théâtral, une de ces impressions ineffaçables qui reviennent en mémoire durant toute une vie. Au peintre, à l'artiste qui, selon Madame Colette : « orienta sans arrière-pensée tous les engouements de Paris avec un bonheur si particulier, avec une autorité telle que l'étranger et la France n'hésitaient jamais à y reconnaître indissolublement liés Bérard et Paris », à cet homme-là un petit Français d'Algérie est redevable de son goût pour le costume et une certaine notion de la beauté.

De ce jour, Yves Saint Laurent n'eut d'autre idée en tête que savoir ce qui se passait à Paris. Quotidiens, revues, hebdomadaires, tout ce que pouvaient lui fournir les libraires locaux était acheté à peine paru et dévoré par le lycéen d'Oran en quête d'idoles. Pour ne pas être en reste, en cette ville ensommeillée, il voulait comme les couturiers, comme les costumiers, comme les décorateurs, il voulait savoir tailler une étoffe, tenir un pinceau, construire un châssis, éclairer une scène. Il fallait qu'il sache créer une robe, un tableau, un décor, un spectacle, il fallait qu'il se sente tout à la fois peintre, comédien ou danseur. Drôles d'idoles, curieux lycéen. Se prendre pour un génie et n'être qu'un touche-à-tout, à ce danger aussi il échappa. Avec Bérard, ce furent aussi Jean Hugo, Gabrielle Chanel, quelques dames de la société parisienne parmi les mieux habillées, Marie Laure de Noailles et Nathalie Paley, un ou deux mannequins célèbres, Schiaparelli, Marlène Dietrich et Jouvet qui figurèrent, pêle-mêle, parmi les premiers dieux de son Olympe personnel. Il se mit, tout en poursuivant ses études, à copier, à calquer, à inventer, à dessiner avec rage, avec frénésie. L'étrange est que possédé comme il était par cet Olympe-là, il n'en poursuivit pas moins ses études.

Or, il était une fois, à Paris, une revue française, notoire par sa conception du luxe, la qualité de ses articles et son goût pour l'inusité. C'était *Vogue*. Elle comptait parmi ses lecteurs les plus assidus le collégien Saint Laurent. C'est que vers cette époque elle ne faisait pas commerce que de mode. En ces temps-là, elle se consacrait aussi au théâtre, au ballet, à l'Opéra, enfin à tout ce qui dans une certaine mesure, procède du décoratif, de l'ornemental, ou de l'art du costume. Comme le lycéen dans sa lointaine Oranie, Violette Leduc aussi, réduite à merci dans une chambre meublée de son sixième arrondissement, cherchait entre les pages de *Vogue* un Paris inaccessible : « ... Celui des robes et des manteaux visibles dans mes bréviaires, invisibles dans nos rues. » Une même quête unissait sans qu'ils le sachent Violette Leduc et Yves Saint Laurent. Je dirigeais cette revue du temps où j'étais journaliste.

C'est à cela que je dois d'avoir assisté, en 1953, à l'arrivée à Paris d'un adolescent taillé en girafe, une espèce d'échalas, luttant contre de grosses lunettes qui sans cesse lui glissaient du nez. Il était vêtu avec élégance et rigueur. Un strict veston bleu marine, col, cravate et tout. Il affectait un air d'oisiveté trompeur et semblait plus inquiet que timide. Sa mère l'accompagnait. Une lettre d'un propriétaire terrien en Oranie lui servait d'introduction. On me donna à lire ce document qui apportait d'utiles précisions sur le jeune visiteur. Il s'appelait Saint Laurent, Yves, il allait présenter quatre mois plus tard son baccalauréat de philosophie et il venait de remporter à Paris le premier prix d'un concours organisé par le Secrétariat international de la Laine. Le lauréat tenait à la main avec une sorte de pudeur et presque de la gêne, le croquis qui avait été retenu par un jury où siégeaient Christian Dior et Jacques Fath. A regarder de près le dessin dont il était l'auteur et qui représentait une robe alliant la plus grande rigueur et la plus extrême sophistication, on restait confondu de surprise.

La question qui se posait était de savoir comment le jeune homme allait diriger son avenir. On le conduisait à *Vogue* comme on conduit un enfant au catéchisme. Yves Saint Laurent frappait à la porte du temple dont Michel de Brunhoff était le grand prêtre. Le seul conseil qu'il reçut de ce pape de la haute couture ressemblait fort à un ordre :

retourner à Oran et en revenir bachelier. Mais Michel de Brunhoff fut le premier à pressentir ce que Saint Laurent allait être : un authentique artiste, un créateur. Il me le dit. J'avais l'habitude de le croire infaillible. C'est que personne ne savait comme lui accueillir le talent. Son éternelle pipe aux lèvres, les joues envahies par la mousse blanche de ses favoris, il fut pour Yves Saint Laurent une sorte de père Noël et à coup sûr le bon génie sans lequel notre jeune homme serait peut-être tombé sur de moins bons maîtres.

Et voici quatre mois plus tard, le bachelier Saint Laurent débarquant d'Algérie et aussitôt expédié par Brunhoff dans une école de coupe dont l'apprenti couturier eut horreur. Et voici Yves Saint Laurent fort peu satisfait, travaillant du ciseau, de l'épingle, talonné par Brunhoff qui lui répétait : « Dessiner ne suffit pas, il faut savoir tout faire. Il faut savoir tailler, coudre au besoin. » Le voici enfin en vacances, retournant à Oran et revenant à Paris, encore grandi : un mètre quatre-vingt-quatre de précocité maigriotte, de mutisme total, soixante-cinq kilos d'impatience juvénile. Enfin le voici — nous sommes en 1955 — soumettant à Michel de Brunhoff cinquante croquis faits à Oran pendant ses vacances. J'étais en reportage en Italie le jour de cette visite, et voici la lettre que m'adressait celui qui fut pour moi aussi un guide affectueux et exigeant : « Le jeune Saint Laurent est arrivé hier, m'écrivait-il. A ma stupéfaction, sur cinquante dessins qu'il m'apportait, vingt au moins auraient pu être signés Dior. De ma vie je n'ai rencontré quelqu'un de plus doué pour la mode. Je viens de demander à l'instant à Christian Dior de le recevoir bien que le sachant en plein travail. Si j'ai autant insisté, c'était pour apporter à Christian la preuve que l'auteur de ces dessins étant arrivé de la veille ne l'avait ni plagié ni copié. Le jeune Saint Laurent ne doit rien à personne. Il crée comme il respire. Je l'emmène tout à l'heure chez Dior. Que n'êtes-vous là ! Si notre jeune inconnu devient un jour célèbre, pensez à moi. »

Christian Dior l'engagea sur l'heure. Le jeune homme d'Oran entra dans le cercle magique du grand cirque parisien. Tout d'abord il ne fut qu'un servant de piste. Le « zim-boom-boom » de la grosse caisse, les grands titres dans les quotidiens, le public qui s'assemble, les étrangers qui accourent, tout cela n'était pas pour lui. Il n'était qu'un modéliste parmi d'autres dans l'atelier de création d'un grand couturier. Il voyait naître des robes qu'un autre avait créées et ne collaborait que pour une faible part à cette création.

Ce fut à l'époque de cet apprentissage qu'une pièce de théâtre, *Pour Lucrèce,* lui offrit l'occasion de découvrir à la fois Giraudoux, la compagnie de Jean-Louis Barrault et Cassandre. Le goût du théâtre le reprit. Il y courait chaque soir. Une boulimie. Une obsession. Il engrangeait couleurs, impressions, surprises. Rendons hommage ici à celui qui sut admettre et comprendre cette dualité. Ce n'est pas chose courante, Dieu sait ! Or Christian Dior fit mieux que comprendre, il encouragea chez son très jeune assistant cette passion du théâtre non sans se montrer fort exigeant dans le domaine de la création de mode. Et de plus en plus souvent Christian Dior retenait et faisait exécuter les modèles que lui proposait Saint Laurent.

On sait le reste. La disparition brutale de Christian Dior en octobre 1957. Yves Saint Laurent le remplaçant au pied levé. Il avait vingt et un ans. Il était comme un trapéziste qui pour la première fois mesure du regard le vide sous l'éclat astral des projecteurs. « Il faut sauter, mon garçon ! Saute, on te dit ! Saute donc… » Je l'ai vu, concentré, plein d'appréhension pendant ce long moment de silence qui précède les numéros périlleux que ce soit dans l'arène, sur la scène d'un théâtre ou sous un chapiteau, et j'ai partagé son angoisse dans l'épais, dans le cruel silence de l'attente. Enfin éclatèrent les applaudissements. Sa première collection avait triomphé de toutes les réticences et parce que la naissance de la mode est à Paris un événement traité comme tel par un vaste public, parce que ses hauts et ses bas intéressent l'opinion, il y eut ce jour-là des ouvrières, des fournisseurs, des afficionados, des livreurs, des jeunes gens ou des jeunes filles, de ceux qui rodent en pareille circonstance autour des maisons de couture comme ils rodent à la porte des coulisses, il y eut une foule pour lui faire une ovation qui se prolongea jusque sur les trottoirs de l'avenue Montaigne. Le roi était mort, on appela le dauphin au balcon.

La période de grâce se prolongea jusqu'à l'automne 1960 et fut marquée par une rencontre déterminante, la rencontre de Saint Laurent avec Roland Petit qui fut le premier à lui commander des costumes de théâtre. Ainsi prit forme et couleur le ballet *Cyrano de Bergerac,* d'après Edmond Rostand, miracle de grâce. Ce spectacle s'inscrit en tête d'une longue série de travaux destinés à satisfaire les commandes de metteurs en scène, de cinéastes et de chorégraphes parmi les plus prestigieux.

Nous ne nous étendrons pas sur les jours noirs de 1960. Toujours dessinateur attitré de la maison Christian Dior, Yves Saint Laurent présenta en automne une collection qui fut terriblement controversée. Il avait fait sien le principe d'Odilon Redon selon lequel « le noir est la seule couleur que rien ne prostitue ». Brusquement il bannissait les teintes suaves. Plus de rose, plus de bleu, du noir et du noir seulement. Et à travers certains de ses modèles, on voyait les goûts de la rue déferler dans les salons de la haute couture parisienne. « Place aux blousons noirs ! » semblait-il affirmer. Le blouson qu'il proposait était un blouson de luxe, un blouson coûteux, taillé dans une peau de crocodile ourlée de vison. Cela ne suffisait sans doute pas pour qu'il soit accepté. On ne lui pardonna pas l'outrage ; on parla d'une mode pour *beatniks* ; on lui fit grief de certains cols roulés, noirs eux aussi. Cette collection fit scandale et la critique fut sauvage. La guerre d'Algérie faisait rage. L'appel sous les drapeaux du soldat Saint Laurent sonna avec à-propos, du moins aux oreilles de ses employeurs, qui virent là l'occasion providentielle de s'en débarrasser.

On a lieu de s'étonner qu'un homme aussi puissant que le propriétaire de la maison Christian Dior n'ait pas prévu le drame qui couvait. Le soldat Saint Laurent ne pouvait se résoudre à porter le fer et le feu dans sa patrie d'origine. On le fit attendre deux mois avant que de le réformer. Entre-temps il fit une gravissime dépression nerveuse dont, à mon sens, il ne se remit jamais. Une fois guéri, on l'avisa qu'il ne faisait plus partie des collaborateurs de la grande maison.

Fort heureusement Pierre Bergé veillait. Il avait été présenté à Yves Saint Laurent par Marie-Louise Bousquet, éminence grise de la mode et correspondante permanente du *Harper's Bazaar* à Paris.

En 1962, Yves Saint Laurent présentait sa première collection sous son nom personnel. Il était enfin libre, enfin installé, enfin lui-même.

Cela fait près d'un quart de siècle qu'il tient l'affiche sur trois scènes à la fois : la scène où il présente sa collection de haute couture, la scène où paraissent ses collections de prêt-à-porter et enfin les scènes des théâtres où ont été jouées des pièces, présentées dans ses costumes et parfois dans ses décors. Après *Cyrano de Bergerac*, ce furent *le Maldoror*, *Notre Dame de Paris* entre autres ballets pour Roland Petit. Ce fut ensuite *le Mariage de Figaro* pour Jean-Louis Barrault et Madeleine Renaud. Pour eux aussi Yves Saint Laurent fit les costumes des pièces de Billetdoux, de Marguerite Duras, d'Albee. Et si les robes d'Arletty ont été jugées si belles dans la reprise des *Monstres sacrés* de Jean Cocteau, au théâtre des Ambassadeurs en 1966, c'est parce qu'elles étaient de Saint Laurent. Impossible de citer dans leur totalité les costumes qu'il fit pour Zizi Jeanmaire. Elle n'est pratiquement jamais apparue sur scène habillée dans d'autres costumes que les siens. Un de ses moments de plus grande réussite fut celui de la Revue conçue pour le Casino de Paris où décors et costumes étaient d'Yves Saint Laurent. Zizi Jeanmaire et sa revue obtinrent auprès du public de Paris un véritable triomphe.

C'est parce qu'il a su jouer avec une maîtrise infaillible sur le double registre de la couture et du théâtre qu'Yves Saint Laurent est d'un cru rare. Jamais il n'a fait de la mode sur une scène de théâtre ou du théâtre dans un salon de couture, se rangeant en cela à l'avis de Balzac lorsqu'il écrivait que « dépasser c'est devenir caricature ». Que ne l'écoute-t-on davantage ?

J'aime qu'au fil des ans le travail et la création soient devenus pour Yves Saint Laurent cette prison austère dont ni l'affection de ses amis, ni les sollicitations de ses admirateurs, plus rien ne peut l'extraire. J'aime que sa sobre marque de fabrique soit ces initiales noires sur fond blanc, cet Y.S.L. qu'a conçu Cassandre, un décorateur de théâtre et un affichiste irremplaçable qu'Yves Saint Laurent a sincèrement admiré. J'aime qu'Yves ait su si bien faire oublier son passé d'enfant prodige sans perdre sa qualité d'enfant terrible et qu'en dépit du sérieux avec lequel il exerce son métier, son goût pour la provocation se manifeste encore pour la plus grande joie de ceux qui, comme lui, ne confondent pas mode et messe. Pour ma part je garderai toujours en mémoire une certaine robe de mariée créée (si j'ai bonne mémoire) en 1967 et présentée par une beauté potelée, à peine plus vêtue qu'Eve, portant un bouquet de fleurs d'avril en guise de feuille de vigne et coiffée d'un de ces trop vastes chapeaux dont Cranach coiffait Vénus pour faire crier les sots.

EDMONDE CHARLES-ROUX
de l'Académie Goncourt - Paris, 14 mai 1986

« ... ce tableau de *Venise* où joue avec Guardi un nommé Yves Saint Laurent, costumes et décors, lequel ici commence une carrière nouvelle à faire oublier Bakst... »
ARAGON
dans Les Lettres Françaises,
1er mars 1972.

(1) Lorand Gaspar (Gallimard).

(2) Xavier Vallat. Le 6 juin 1936 à la tribune de l'Assemblée nationale.

(3) Charles Maurras, le 15 mai 1936.

(4) Saint-John Perse. *Pluies*.

Yves Saint Laurent
Maldoror

CYRANO

Roland Pet.

Yves Saint Laur.

CYRANO DE BERGERAC

Projet pour les "cadets de Gascogne" ACTE II

Yves Saint Laurent

Cyrano de Bergerac
1959
Pages 14 à 17

projets des
de

ZiZi

Jeann

tour de
Chant

projets pour
La Chaloupée

tour de Chant

La
cha
lou
pèe

Spectacle Zizi Jeanmaire
1961
Pages 18 à 21

Les Forains
1961
Pages 22 à 27

l'acrobate VI

final

la MORT

le Carnaval

Maldoror
1962
Pages 28 à 37

MALDOROR

Mademoiselle Georges

Costume des filles pour
l'enterrement

Yves Saint Laurent

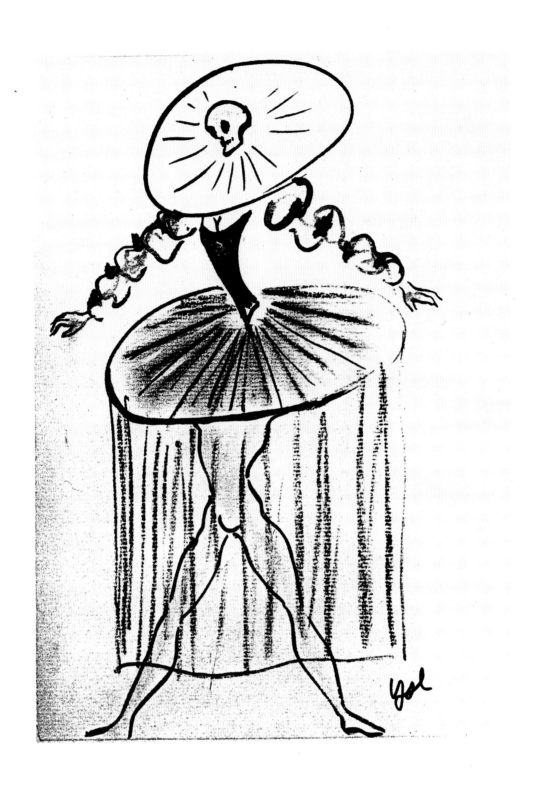

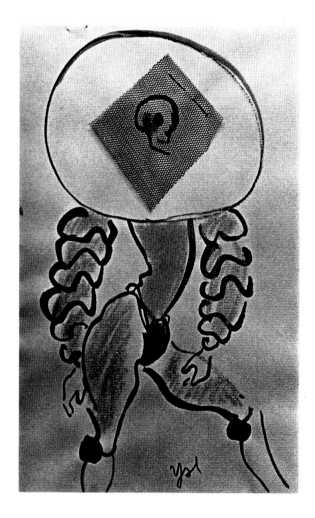

Marceline

Madeleine Lambert

Odéon

ALMAVIVA

Le Mariage de Figaro
1964
Pages 38 à 47

Le
mariage
de
Figaro

BAZILE

Bazile
y.saber

Yol

Le
mariage
de
Figaro

Yol

Bazile

Yves Saint Laurent

Le
mariage de
Figaro

Brid'Oison

Chapeau d'osier tressé

Le Mariage de Figaro

Perruque de DOUBLE-MAIN

BAZILE
projet.

Une Jeune Bergère

BAZILE

Yves Saint Laurent

LA COMTESSE

BARTOLO

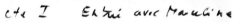

cte I   Entré avec Marceline

Yol

coton.

toile de
coton
écrue

drap

drap

2 jeunes filles (figuration Américaine)
+ 2 avec jupes sur la tête

_ FANCHETTE_

un paysan

Le mariage de Figaro

chemise
laine

linge
plus blanc
en chemise

Windeln

paysan

ysl

Marceline

Le mariage de Figaro

Odéon

Pedrille

Bartholo
Acte

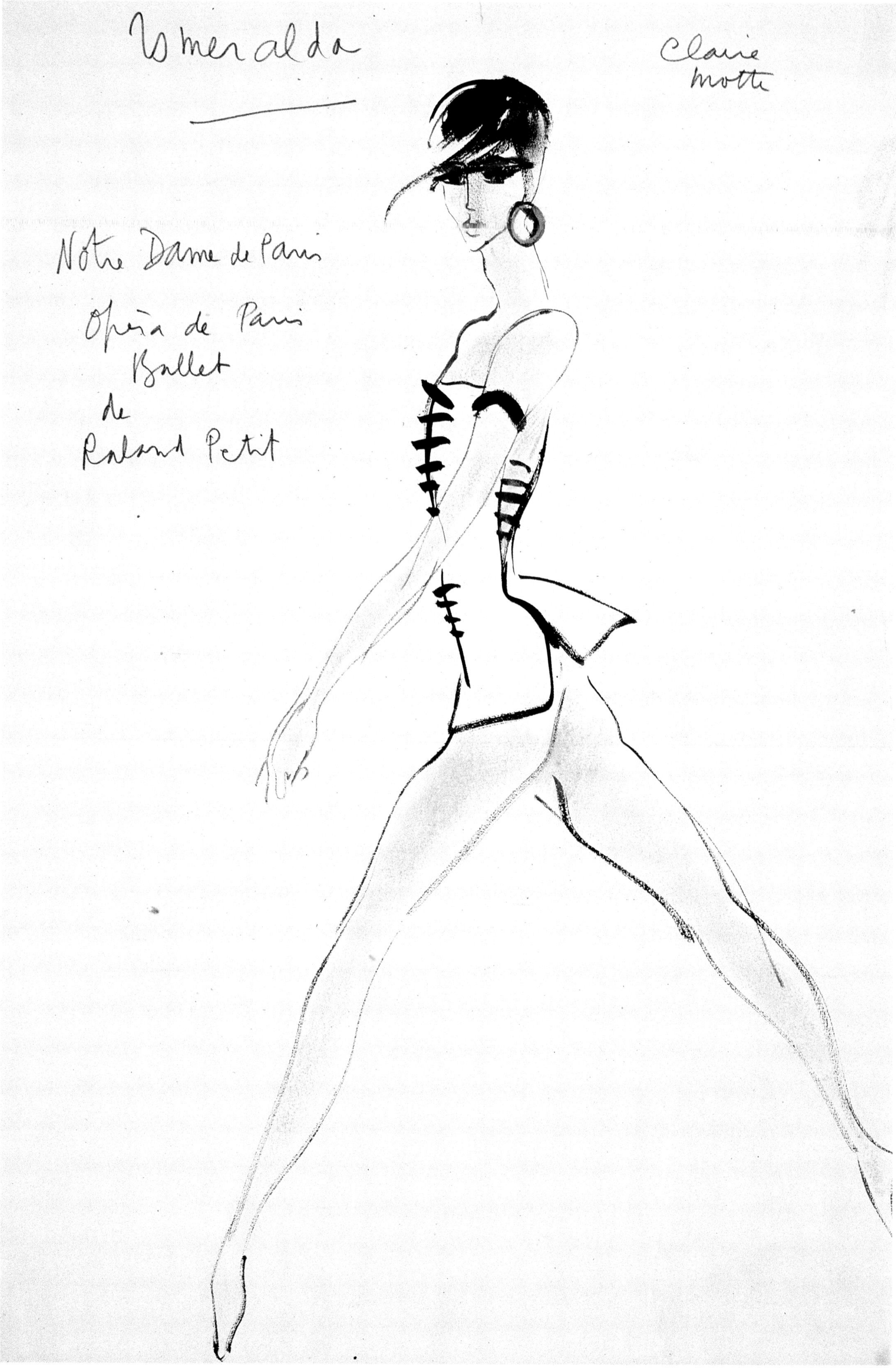

Esmeralda

Claire
Motte

Notre Dame de Paris

Opéra de Paris
Ballet
de
Roland Petit

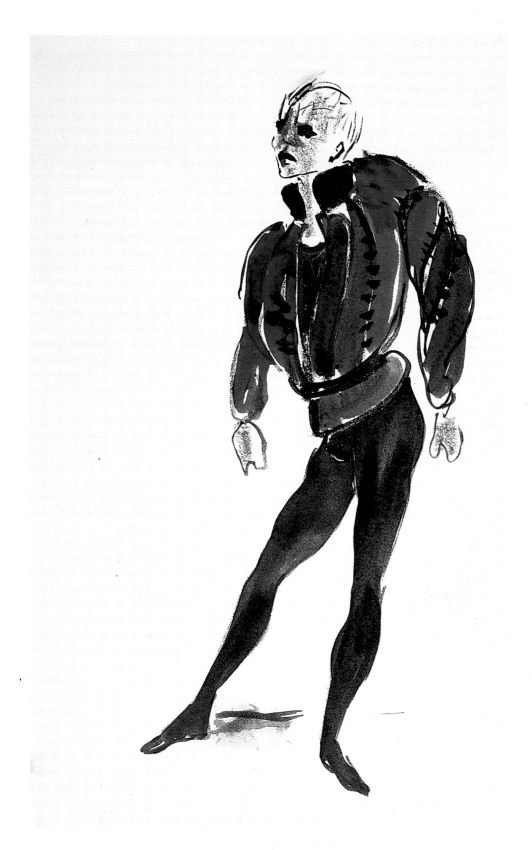

Notre Dame de Paris
1965
Pages 48 à 53

Acte I
la foule

NOTRE DAME de PARIS
Opéra de Paris
Ballets Roland Petit

KARINKA
B n° 4 à Joue en charme (canaille)

Ballet Roland Petit

Acte I

Yves Saint Laurent

NOTRE DAME de Paris

Opéra

Notre dame de Paris Ballet Roland Petit

Les
soldats

Notre
Dame
de
Paris

Opéra de Paris

Yves Saint Laurent

opera

Notre Dame
de
Paris

Yves Saint Laurent

La Cour des Miracles

NOTRE DAME
DE
PARIS

Yves Saint Laurent

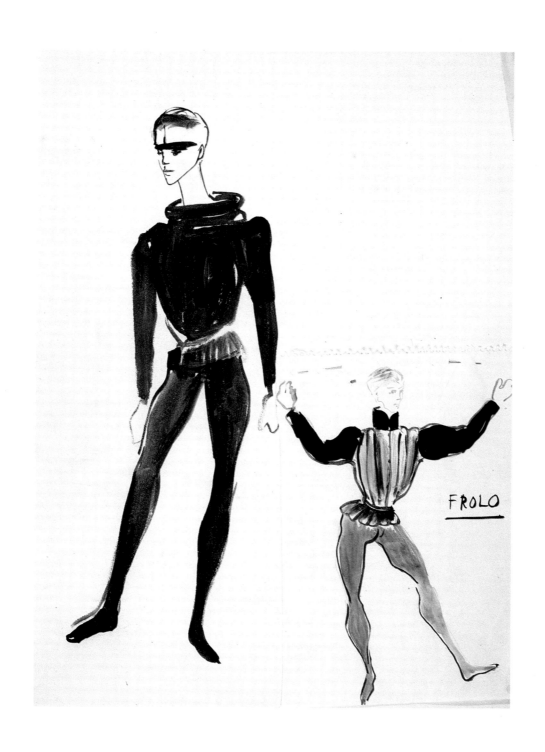

FROLO

Yves Saint Laurent   Casino de Paris   Yves Saint Laurent

Costume pour le "H"

Yves Saint Laurent   Yves Saint Laurent

Revue Zizi Jeanmaire. Le "H"
1970

les dominos

Yves Saint Laurent

VENISE

VENISE

Revue Zizi Jeanmaire
Venise 1972
Pages 56 à 59

Yves Saint Laurent

A CLOWN

CLOWN

Revue Zizi Jeanmaire
Le Cirque – 1972
Pages 60 à 63

Yves Saint Laurent

Yves Saint Laurent

Andrew   Yves Saint Laurent

Yves Saint Laurent

Casino de Paris

Les patineurs

LE CIRQUE   Yves Saint Laurent

Casino de Paris
Ballets Roland Petit
Les demoiselles de petite
vertue.

Yves Saint Laurent

Projet pour le
strep'tease

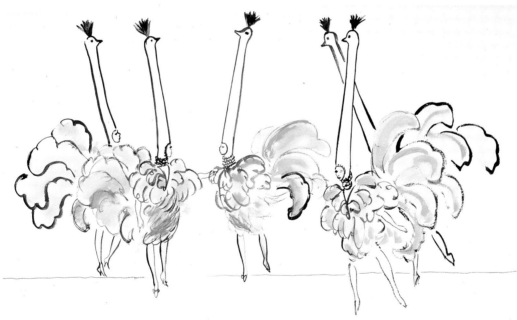

Les Autruches final

Yves Saint Laurent

Yves Saint Laurent

D 2

Blanc

U-1

Légionnaire

66

LA CASCADE

Yves Saint Laurent

Ballets Roland Petit
1962
Pages 70 à 87

COSTUMES BAROQUES POUR ENTRÉE

BALLETS DE ROLAND PETIT

Yves Saint Laurent

Tritons et
Nymphes

Entrée

Entrée des Indiens

Yves Saint Laurent

Chattes et Turcs

Obelisque fermé

PROJET POUR ENTRÉE

Premier tableau

Yves Saint Laurent

projet
d'entrée
Les
Sphynx

BALLET
DE
ROLAND
PETIT

Clown n°II

Projets Entrée

BALLETS
DE
ROLAND
PETIT

projet
pour
ENTRE

BALLETS
DE
ROLAND PETIT

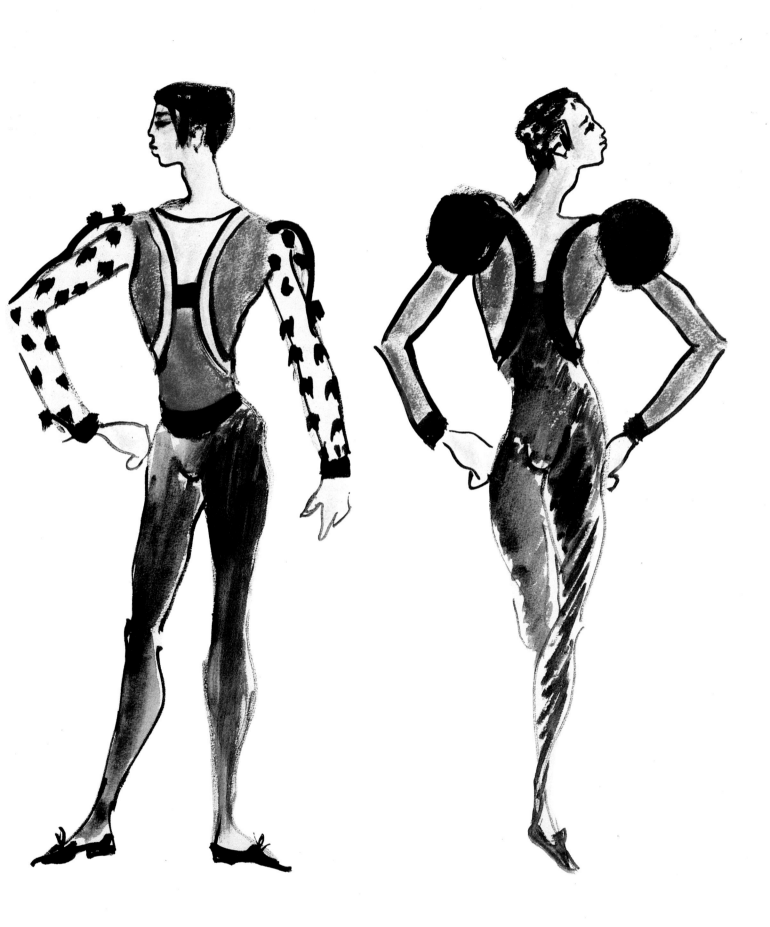

Projet Hom

ENTRÉE

L'Aigle
=
deux Têtes

La Reine

Acte II

Yves Saint Laurent

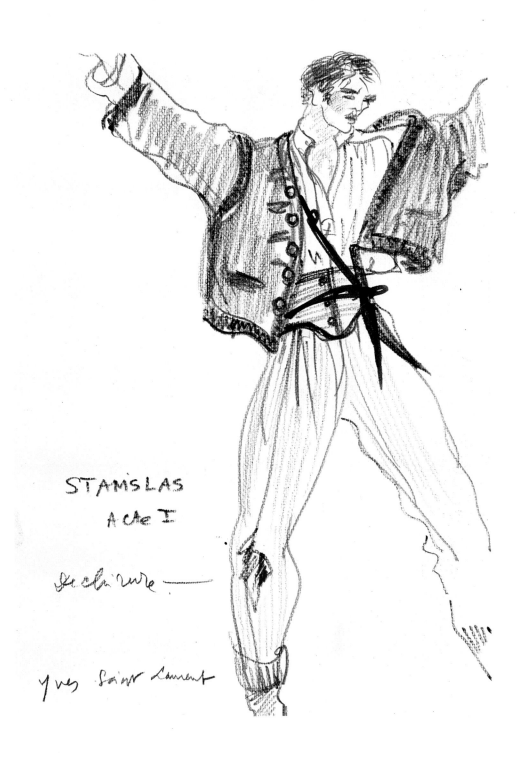

STAMSLAS
Acte I

déchirure —

yves saint laurent

L'Aigle à Deux Têtes
1978
Pages 88 à 91

L'Aigle à deux Têtes

L'Homme aux Rubans Verts

Pour Pierre
L'Homme aux
Rubans Verts

Un hommage à Molière

Tartufe
Tartuffe

Projets pour Tartuffe
1979
Pages 94 à 99

madame Pernelle

Flipote

Cléante

Dorine

Orgon
Acte I

Ulmire
Acte II

Valère

Act I

Yves Saint Laurent

Acte II

Yves Saint Laurent

Cher Menteur
1980

Le diable amoureux

Ballet de Jean Anouilh
et Roland Petit

Le diable

ysl

DÉCOR POUR LE DIABLE AMOUREUX - LA SIERRA

Projets pour Le Diable Amoureux
1965
Pages 102 à 107

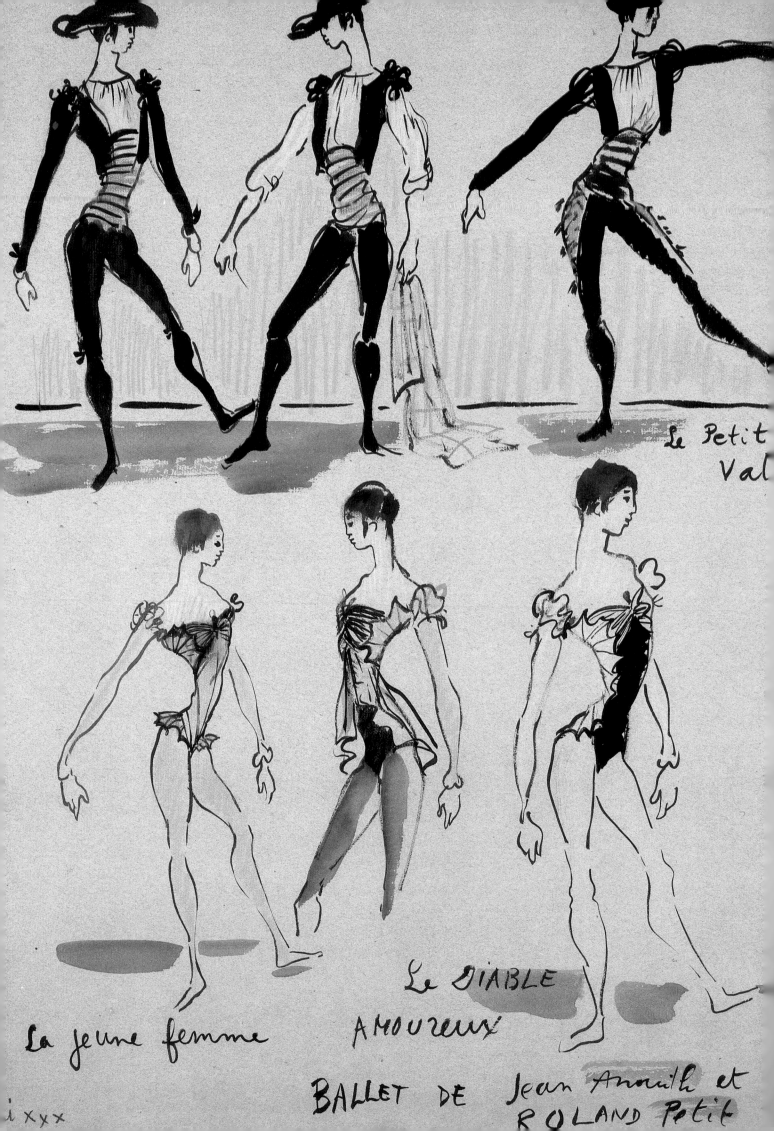

Le Petit Val

La jeune femme

Le DIABLE AMOUREUX

BALLET DE Jean Anouilh et ROLAND Petit

i xxx

Ah! je te te donnai d'Amour.

Blu
Cro

B B 2

que Johnny Halliday Paroles de Raymond Queneau

de
e or

de Chant de Z·Zi 1962

YSL

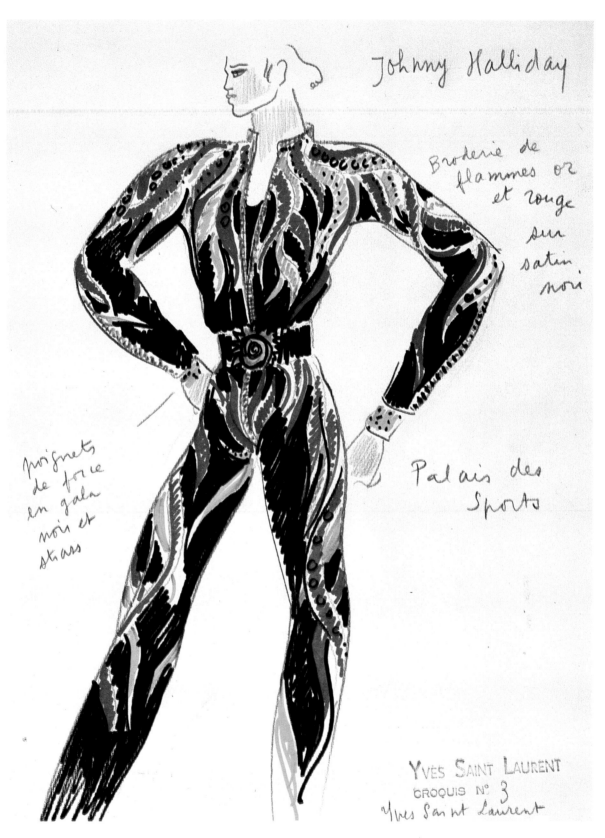

Johnny Halliday

Broderie de flammes or et rouge sur satin noir

poignets de force en gala noir et strass

Palais des Sports

YVES SAINT LAURENT
CROQUIS N° 3
Yves Saint Laurent

Spectacle Zizi Jeanmaire
1962
Pages 108 à 109

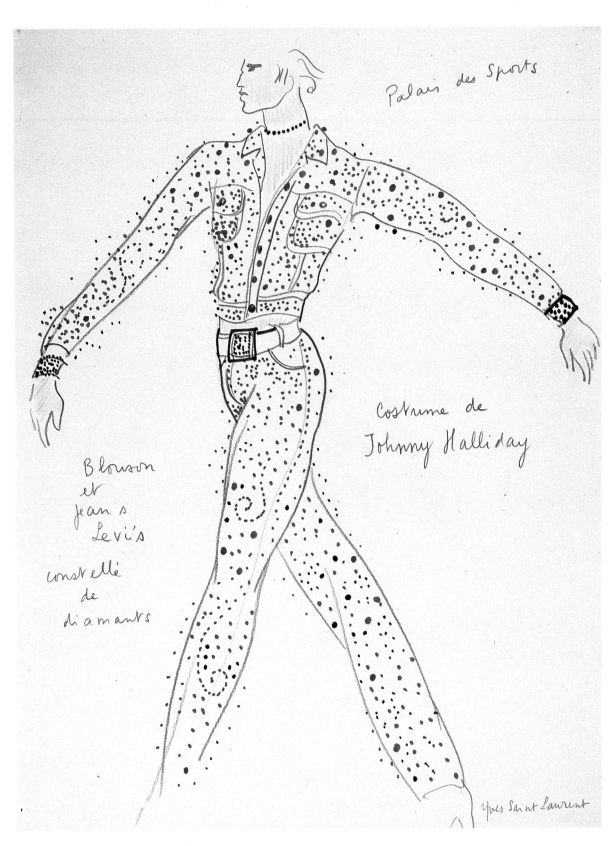

Palais des Sports

Costume de
Johnny Halliday

Blouson
et
Jean's
Levi's

constellé
de
diamants

Yves Saint Laurent

Spectacle Johnny Halliday
1970
Pages 110 à 111

REVUE DE Roland Petit
Palais de Chaillot

zizi

le champagne Rosè

Yves Saint Laurent

pompoms
de
diamant

Costumes pour Zizi Jeanmaire
Pages 112 à 123

Projet pour le manteau
de mademoiselle Jeanmai
pour TATO

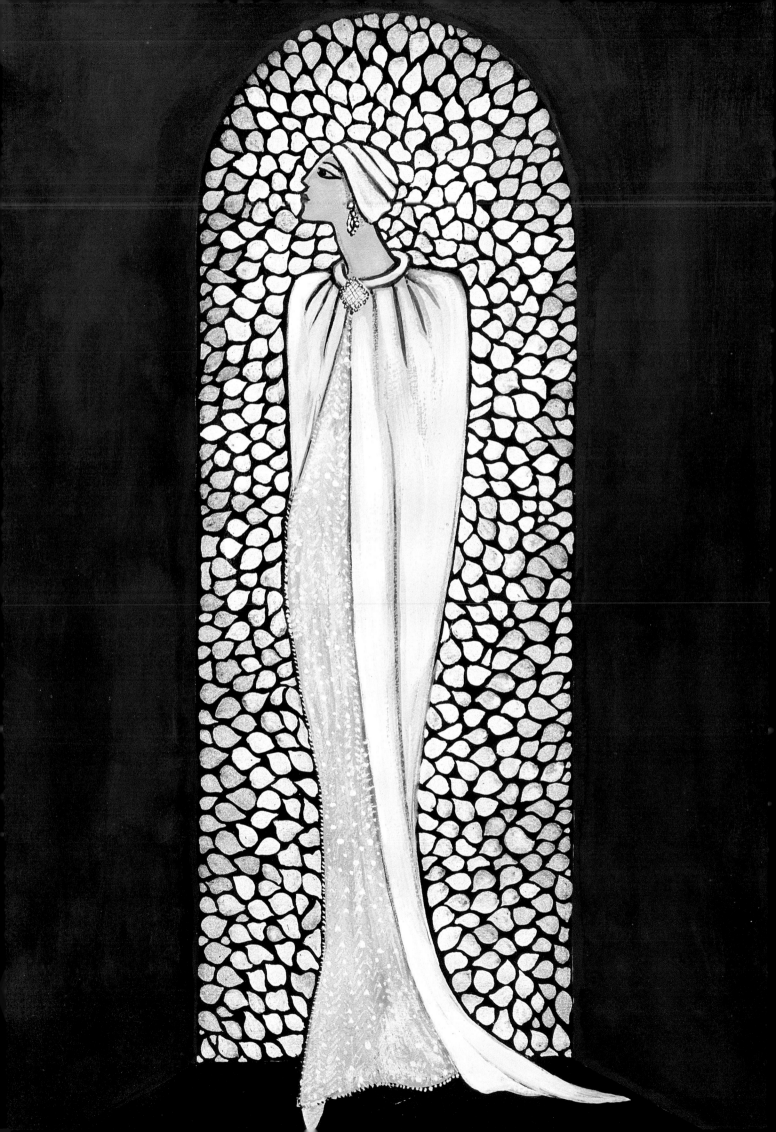

IL y avait l'Athénée, Jouvet, Bérard. Mes premiers coups de cœur. Il y avait l'étincellement de ce couple de cygnes, magique et unique, que, du fond d'un lac de Bavière, Cocteau avait fait surgir pour les transformer en aigles royaux et atteindre jusqu'aux plus hautes cimes. Mes premiers coups de cœur. Il y avait tous les frémissements de mon adolescence attardée devant ces rêves inoubliables. Il me fallait renaître. Me replacer dans la réalité. Oublier et détruire ces fastes sublimes. Voilà pourquoi j'ai choisi sans un instant d'hésitation de décorer et d'habiller *Cher Menteur*.

J'ai vu Edwige Feuillère. J'ai vu Jean Marais. Et c'était une femme, et c'était un homme.

L'Athénée : un théâtre. Les ombres gigantesques qui jusque-là l'avaient habité avaient disparu. Ce soir le rideau se lèvera sur un décor et des costumes conçus pour des acteurs neufs par un homme neuf. Il ne se lèvera pas sur leur légende. Ce soir on ne les « attend pas ». On les découvre. Ce ne sont pas des retrouvailles historiques mais l'occasion pour ce couple unique dans l'histoire du théâtre de notre temps de vous raconter une histoire : ce *Cher Menteur* imaginé par Jérôme Kilty et adapté par Jean Cocteau.

Mon travail a été de les servir ; d'essayer de capter l'émotivité de leurs mouvements et de leur cœur, délié des sortilèges si beaux soient-ils de mon passé. D'en faire ce qu'ils sont : une actrice et un acteur d'aujourd'hui. Il me fallait balayer les ombres et c'est avec beaucoup d'émotion que je l'ai fait. Sans doute, les grands noms qui ont guidé ce Théâtre et l'ombre chinoise de cet académicien lutin seront là, quelque part, pour leur dire leur tendresse.

Puissé-je ne pas les décevoir. Pour l'amour du Théâtre.

YVES SAINT LAURENT

Cyrano de Bergerac (Photo Roger Picherie)

1959
CYRANO DE BERGERAC

Chorégraphie Roland Petit. D'après Edmond Rostand. *Musique* Marius Constant. *Costumes* Yves Saint Laurent. Théâtre de l'Alhambra. *Distribution:* Zizi Jeanmaire - Tessa Beaumont - Danièle Jossi - José Ferran - Lucien Mars - Georges Reich - Roland Petit.

Cyrano de Bergerac
YSL. Irène Karinska R. Petit (DR)

1961
LES FORAINS

(Reprise. Création 1945, Théâtre des Champs-Elysées, Paris).
Chorégraphie Roland Petit. *Synopsis* Boris Kochno. *Musique* Henri Sauguet. *Costumes* Yves Saint Laurent. Télévision Française.

1961
SPECTACLE ZIZI JEANMAIRE

Mise en scène Roland Petit. *Décors et costumes* Yves Saint Laurent. Théâtre de l'Alhambra.

Spectacle Zizi Jeanmaire (Photo Roger Viollet)

1962
BALLETS ROLAND PETIT

Chorégraphie Roland Petit. *Décors et costumes* Yves Saint Laurent. TNP, Paris. Spectacle en 4 parties : *1.* PALAIS DE CHAILLOT : divertissement sur trois ouvertures d'Hector Berlioz *2.* MALDOROR : d'après Lautréamont. Musique Maurice Jarre *3.* LE VIOLON : Musique de Marius Constant paraphrase sur "Les caprices" de Nicolo Paganini. *4.* RAPSODIE ESPAGNOLE : Musique de Maurice Ravel.

Ballets Roland Petit (DR)

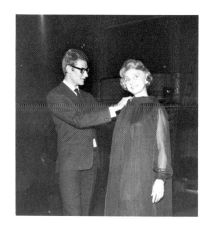

Il faut passer par les nuages
(Photo Agence Bernand)

1963
SPECTACLE ZIZI JEANMAIRE

Mise en scène et chorégraphie Roland Petit. *Costumes* Yves Saint Laurent. TNP, Paris.

1964
LE MARIAGE DE FIGARO

Beaumarchais. *Mise en scène* Jean-Louis Barrault. *Costumes* Yves Saint Laurent. Compagnie Renaud-Barrault, Odéon, Théâtre de France, Paris. *Distribution:* Dominique Paturel, Madeleine Lambert, Jean Desailly, Anne Doat, Henri Gilabert, Simone Valère.

1964
IL FAUT PASSER PAR LES NUAGES

François Billetdoux. *Mise en scène* Jean-Louis Barrault. *Costumes* Yves Saint Laurent. Compagnie Renaud-Barrault. Odéon, Théâtre de France. *Distribution:* Annie Bertin, Pierre Bertin, Marie-Hélène Dasté, Jane Martel, Dominique Paturel, Jean Desailly, Michel Bertay, Alice Reichen, Régis Outin, André Weber, Pierre Clémenti, François Hélie, Pierre Durou, Madeleine Renaud, Dominique Arden, Robert

Notre Dame de Paris (DR)

Lombard, Michel Favory, Madeleine Lambert, Henri Nassiet, Jean-Roger Tandou, Dominique Santarelli, François Rochard, Richard Lapalus, André Batisse, Luis Masson, Céline Salles, Benjamin Boda, Hubert Crassus.

1965
ADAGE ET VARIATIONS

Chorégraphie Roland Petit. *Musique* Francis Poulenc. *Costumes* Yves Saint Laurent. Théâtre National de l'Opéra de Paris. *Distribution :* Nanon Thibon, Jean-Pierre Bonnefous, Mireille Nègre, Wilfrid Piollet, Noëla Pontois.

Cyrano de Bergerac (Photo André Ostier)

1965
NOTRE-DAME DE PARIS

Chorégraphie Roland Petit. D'après Victor Hugo. *Musique* de Maurice Jarre. *Costumes* Yves Saint Laurent. Théâtre National de l'Opéra de Paris. *Distribution :* Cyril Atanassof, Claire Motte, Jean-Pierre Bonnefous, Roland Petit.

Notre Dame de Paris (DR)

1965
DES JOURNÉES ENTIÈRES DANS LES ARBRES

Marguerite Duras. *Costumes* Yves Saint Laurent. Compagnie Renaud-Barrault. Odéon, Théâtre de France, Paris. *Distribution :* Madeleine Renaud, Jean Desailly, Anne Doat, André Weber.

1965
LE DIABLE AMOUREUX

Cazotte. *Ballet* de Jean Anouilh sur une idée de Roland Petit. *Musique* Henri Dutilleux. Spectacle non réalisé.

1966
LES MONSTRES SACRÉS

(Reprise. Création 1940, Théâtre Michel, Paris).
Jean Cocteau. *Mise en scène* Henri Rollan. *Costumes* Yves Saint Laurent pour Arletty. *Décors* Christian Bérard. Théâtre des Ambassadeurs. *Distribution :* Arletty, Yves Vincent, Huguette Hue, Simone Paris, Nicole Chollet.

1967
DÉLICATE BALANCE

Edward Albee. *Adaptation* de Matthieu Galey. *Mise en scène* Jean-Louis Barrault. *Costumes* Yves Saint Laurent. Compagnie Renaud-Barrault. Odéon, Théâtre de France, Paris. *Distribution :* Madeleine Renaud, Claude Dauphin, Edwige Feuillère, Maris-Hélène Daste, Jacques Castelot, Simone Valère.

1968
L'AMANTE ANGLAISE

Marguerite Duras. *Mise en scène* Claude Régy. *Costumes* Yves Saint Laurent pour Madeleine Renaud. TNP, Paris. Salle Gémier. *Distribution :* Michael Lonsdale, Claude Dauphin, Madeleine Renaud, François Périer.

1968
SPECTACLE ZIZI JEANMAIRE

Mise en scène Roland Petit. *Costumes* Yves Saint Laurent. Théâtre de l'Olympia, Paris.

1970
REVUE ZIZI JEANMAIRE

Mise en scène Roland Petit. *Décors et costumes* Yves Saint Laurent. Casino de Paris.

*Le Champagne Rosé -
Revue Zizi Jeanmaire 1970 (DR)*

1970
SPECTACLE SYLVIE VARTAN

Costumes Yves Saint Laurent. Théâtre de l'Olympia, Paris.

1970
SPECTACLE JOHNNY HALLIDAY

Costumes Yves Saint Laurent. Palais des Sports, Paris.

1972
REVUE ZIZI JEANMAIRE

Mise en scène Roland Petit. *Décors et costumes* Yves Saint Laurent. Casino de Paris.

*Le Sultan, Jorge Lago -
Revue Zizi Jeanmaire 1972
(Photo Jeanloup Sieff)*

1972
SPECTACLE SYLVIE VARTAN

Costumes Yves Saint Laurent. Théâtre de l'Olympia, Paris.

1973
LA ROSE MALADE

Chorégraphie Roland Petit. *Musique* Gustav Malher. *Costumes* Yves Saint Laurent. Palais des Sports, Paris. *Distribution :* Maïa Plissetskaïa, Rudy Bryans, Woytek Lowski.

La Rose Malade (Photo Roger Viollet)

1973
HAROLD ET MAUD

Colin Higgins. *Mise en scène* Jean-Louis Barrault. *Costumes* Yves Saint Laurent pour Madeleine Renaud. Compagnie Renaud-Barrault. Théâtre Récamier, Paris. *Distribution :* Daniel Rivière, Philippine Pascale, Juliette Brac, Yves Gasc, Madeleine Renaud, Guy Michel, Jean-Pierre Granval, Claude Beautheac, Catherine Allary, Dominique Santarelli, Jean Hébert, Catherine Eckerle, Micheline Kahn.

*La Chevauchée sur le lac de Constance
(Photo Michel Viard)*

1973
LA CHEVAUCHÉE SUR LE LAC DE CONSTANCE

Peter Handke. *Mise en scène* Claude Régy. *Costumes* Yves Saint Laurent. Espace Cardin, Paris. *Distribution :* Michael Londsale, Delphine Seyrig, Sami Frey, Jeanne Moreau, Gérard Depardieu.

_____ 1973 _____
SHÉHÉRAZADE

Chorégraphie Roland Petit. *Musique* Maurice Ravel. *Costumes* Yves Saint Laurent. Théâtre National de l'Opéra de Paris. *Distribution :* Ghislaine Thesmar, Michale Denard.

_____ 1977 _____
REVUE ZIZI JEANMAIRE

Mise en scène Roland Petit. *Costumes* Yves Saint Laurent. Théâtre Bobino, Paris.

_____ 1978 _____
L'AIGLE A DEUX TÊTES

(Reprise. Création 1946, Théâtre des Arts Hébertot, Paris).
Jean Cocteau. *Mise en scène* Jean-Pierre Dusséaux. *Décors et costumes* Yves Saint Laurent. Théâtre Athénée Louis Jouvet. *Distribution :* Martine Chevalier, Jean Faubert, Geneviève Page, Hugues Quester, Malek Eddine Kateb, Roland Bertin.

L'Aigle à Deux Têtes (DR)

_____ 1978 _____
SHOW INGRID CAVEN

Costumes Yves Saint Laurent pour Ingrid Caven. Cabaret Le Pigall's, Paris.

Savannah Bay (Photo Roger Viollet)

_____ 1979 _____
TARTUFFE

Spectacle non réalisé. *Costumes* pour Gérard Depardieu pour le *Tartuffe* de Molière. Sur une idée de Pierre Bergé qui devait produire cette pièce au théâtre de l'Athénée avec François Périer dans le rôle d'Orgon.

Cher Menteur (Photo DR)

_____ 1980 _____
CHER MENTEUR

Ecrit et mis en scène par Jérôme Kilty. *Texte français* Jean Cocteau. *Décors et costumes* Yves Saint Laurent. *Distribution :* Edwige Feuillère, Jean Marais.

_____ 1980 _____
WINGS

Arthur Kopit. *Adaptation* de Matthieu Galey. *Mise en scène* Claude Régy. *Costumes* Yves Saint Laurent. Théâtre d'Orsay, Paris. *Distribution* Madeleine Renaud.

_____ 1983 _____
SAVANNAH BAY

Ecrit et mis en scène par Marguerite Duras. *Costumes* Yves Saint Laurent. Théâtre du Rond-Point, Paris. *Distribution :* Madeleine Renaud, Bulle Ogier.

C I N E M A

1960
LES COLLANTS NOIRS

Film de Terence Young. Costumes pour Moïra Shearer. Chorégraphie Roland Petit.

1962
LA PANTHÈRE ROSE

Film de Blake Edwards. Costumes pour Claudia Cardinale.

1965
ARABESQUE

Film de Stanley Donen. Costumes pour Sophia Loren.

Belle de Jour - Luis Buñuel
(Collection Catherine Deneuve)

1967
BELLE DE JOUR

Film de Luis Bunuel. Costumes pour Catherine Deneuve.

La Chamade
(Collection Catherine Deneuve)

1968
LA CHAMADE

Film d'Alain Cavalier. D'après le roman de Françoise Sagan. Costumes pour Catherine Deneuve.

1969
LA SIRÈNE DU MISSISSIPPI

Film de François Truffaut. Costumes pour Catherine Deneuve.

La Sirène du Mississippi (Photo Sygma)

1974
L'AFFAIRE STAVISKI

Film d'Alain Resnais. Costumes pour Annie Duperey.

1975
UNE ANGLAISE ROMANTIQUE

Film de Joseph Losey. Costumes pour Helmut Berger.

1976
PROVIDENCE

Film d'Alain Resnais. Costumes pour Ellen Burnstyn.

Subway (Photo DR)

1984
SUBWAY

Film de Luc Besson. Costumes pour Isabelle Adjani.

Réalisation : Arbook International
Achevé d'imprimer en mai 1986
sur les presses
de Rolland Conseil pour le
compte des Editions Herscher